ANTONIO MERIDDA

L'ENNEAGRAMMA DELLA POLITICA

Scopri a quale Tipo Appartiene

il Tuo Elettorato per Ottenere Voti

Titolo

"L'ENNEAGRAMMA DELLA POLITICA"

Autore

Antonio Meridda

Editore

Bruno Editore

Sito internet

www.brunoeditore.it

Sommario

Introduzione

Benvenuto (o benvenuta) alla lettura del mio ebook sull'enneagramma, indirizzato in modo specifico a come utilizzare questo valido e semplice metodo nelle relazioni con gli altri per convincerli dell'efficacia della nostra opinione.

Parleremo di come i politici utilizzano – la maggior parte di loro inconsciamente – l'enneagramma per persuadere i propri elettori e di come, viceversa, l'ignorare tale metodo finisca per danneggiare le loro possibilità di successo e mostreremo come sia possibile migliorare la propria capacità relazionale in tutti gli ambiti, così da diventare dei buoni comunicatori.

Che differenza c'è tra una persona che riesce ad aver ragione e una che non ce la fa? Credi che in realtà la prima abbia *sempre* ragione e l'altra *sempre* torto? Certo che no. Il segreto risiede nel *saper avere ragione*, ovvero nell'esporre nel miglior modo possibile i propri motivi e le proprie idee.

Per alcuni questa è una capacità innata e se la cavano molto bene. Sanno parlare, sanno farsi ascoltare, sanno dire la loro con convinzione e passione. Altri, purtroppo, no.

Dico purtroppo perché credo che chiunque al mondo sia più contento quando vede le sue idee accolte con approvazione, e non penso siano in molti a voler essere contestati dagli interlocutori in qualsiasi occasione… se ti senti parte di quest'ultima categoria, forse questo libro non fa per te. Se invece, come credo, ti piacerebbe essere più ascoltato e apprezzato, ti invito a proseguire con la lettura e a scoprire così come sfruttare al massimo le tue doti di oratore, di politico o di semplice persona che vuole migliorare le proprie capacità espressive.

Buona lettura.

CAPITOLO 1:
Come usare l'enneagramma

Cos'è l'enneagramma?

L'enneagramma (dal greco *ennea*, "nove", e *gramma*, "disegno") è un metodo antichissimo, di cui in realtà non si conosce in modo preciso l'origine, che serve per comprendere la personalità. Pare che fosse utilizzato già dai sufi in Medioriente e, a seguito delle crociate, introdotto in Occidente, dove venne approfondito dai vari ordini religiosi.

Il sistema fu poi messo da parte e considerato alla stregua della magia, simile all'uso attuale dell'oroscopo: l'avere a che fare con nove tipi fissi, con caratteristiche simili, può confondere chi non lo conosce bene.

Nel corso del Novecento è stato rielaborato e aggiornato grazie alle conoscenze psicologiche diffuse oggi, che si integrarono in modo perfetto con l'antico simbolo. Infatti, le moderne definizioni di psicosi erano state già classificate nell'enneagramma come appartenenti a ogni tipo specifico. Fino all'arrivo della psicologia l'enneagramma ha fornito – e continua oggi a fornire – un efficacissimo metodo di analisi e di relazione per poter ottenere il massimo da se stessi e dagli altri.

Per una conoscenza approfondita e specifica sull'enneagramma ti rimando al mio precedente ebook *Enneagramma per tutti*, dove spiego nel dettaglio i più reconditi funzionamenti di ogni tipologia, indirizzati in specifici ambiti relazionali.

SEGRETO n. 1: l'enneagramma, che si basa sulla categorizzazione in nove tipi, è una tecnica antica che funziona molto bene anche nel mondo moderno.

Come funziona?

Cominciamo con il comprendere il funzionamento del metodo. Esistono nove tipi fondamentali e tutti noi apparteniamo a uno di essi. La cosa non è così semplice come sembra, perché altrimenti vorrebbe dire dividere l'umanità in nove personalità, il che, sappiamo bene, sarebbe assurdo!

L'enneagramma difatti ha anche quelle che si chiamano “ali”, intese come i numeri adiacenti a ogni tipo. Così un tipo 1 avrà le ali in 9 e in 2, per dire (non dimentichiamo, poi, che ognuno ha delle esperienze personali e uniche che lo rendono del tutto diverso dagli altri).

Inoltre ogni persona, come vedremo, attraversa diverse fasi e diversi tipi all'interno della propria esistenza, per cui è probabile – anzi, auspicabile – che presto o tardi cambi del tutto il proprio tipo di partenza.

SEGRETO n. 2: ogni enneatipo è influenzato dai numeri vicini, detti “ali”. La loro combinazione rende ogni persona unica.

È quindi possibile incontrare due tipi 1, ma uno con una forte ala in 2 e l'altro con una forte ala in 9. Questo li renderà quasi del tutto diversi tra loro, pur conservando alcuni punti in comune. Se ci riferiamo a un pubblico, tali variazioni minime scompaiono per la forza di quello definito **effetto branco**: essendo noi, di base, animali sociali, in presenza di molti altri individui decrescono le nostre capacità razionali e aumentano nel contempo la sensibilità emotiva e le reazioni istintive.

Un riscontro immediato, che hai di certo sperimentato almeno una volta, ce lo dà il cinema: un film ci coinvolge, ed essendo in un branco insieme agli altri spettatori, focalizza la nostra attenzione al punto che, pur sapendo dall'inizio che è una finzione con attori e trame artificiali, ci facciamo trascinare da ciò che *sembra* avvenire sullo schermo. Magari, se rivedessimo a casa lo stesso film, ci apparirebbe una cosa del tutto diversa. Molti pensano sia dovuto alle dimensioni dello schermo – il che è plausibile: «Le dimensioni contano», come diceva Godzilla – ma non è l'unico motivo.

La controprova è data da ciò che avviene allo stadio. Persone che nella vita quotidiana non farebbero mai cose come urlare contro altri, saltare o abbracciare sconosciuti in pubblico si lasciano trascinare dalla forza emotiva del branco. Questo effetto fa in modo che le personalità si omologhino in modo automatico a una di quelle standard descritte nell'enneagramma. Rimane ancora un problema, però: se le persone agiscono in branco, come si può parlare al singolo?

Se quello che ti interessa è rapportarti a una persona specifica, ti fornirò alcune tecniche efficacissime per stabilire a quale tipo dell'enneagramma, o **enneatipo,** corrisponde e come sfruttare questa conoscenza.

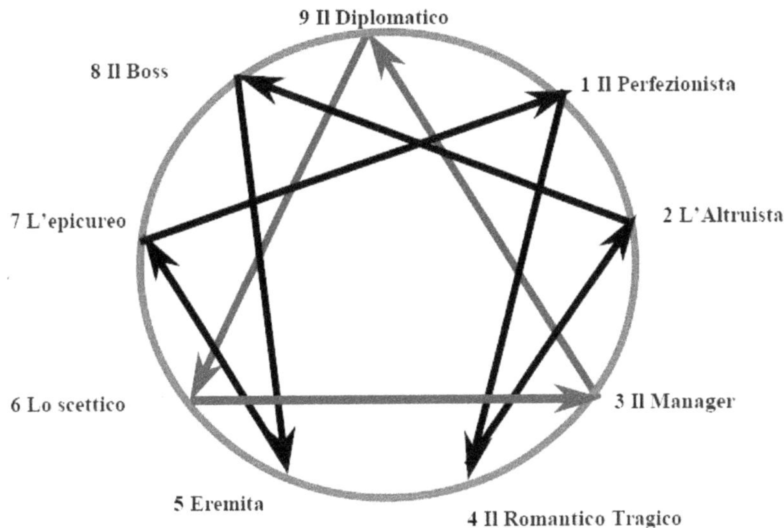

Nell'immagine qui sopra puoi vedere l'enneagramma. Per ora ti sembra ancora oscuro e misterioso, ma procedendo via via scoprirai quanto diventa chiaro e semplice!

Come far leva sulle fobie

Questa parte è piuttosto machiavellica, perché si serve delle debolezze dell'elettorato per ottenere consensi.

Pur se poco piacevole da dire, la paura è uno dei principali motori delle nostre azioni. Far leva su di essa è un ottimo metodo per ottenere voti, ma ti espone anche a diversi problemi. Infatti, se è un sistema sicuro per vincere nei momenti di crisi, è allo stesso tempo un guinzaglio che inibisce e paralizza la società.

La paura è potentissima, più di quanto tu possa immaginare. Se esiste ed è così preponderante nella vita, ci sarà pure un motivo: è utile. Ma per esserlo davvero, occorre identificare e definire un nemico, una ragione, e quindi la *causa* di essa. A livello di massa, invece, essa è utile solo per creare il panico, il quale ha un'altra funzione.

La differenza, quindi, è questa:

- usare la paura per motivare e spingere all'azione – come uscire da un momento drammatico – fa di te un buon politico;
- usare la paura per piegare ai tuoi scopi e soggiogare gli altri fa di te un demagogo.

La scelta è tua. Io ti insegnerò a usare uno strumento, sarà poi il tuo buonsenso a indicarti come servirtene. Non è raro che politicanti senza scrupoli si appellino al terrore per fomentare le masse contro un potenziale, ma inesistente, pericolo (ne abbiamo avuto esempi anche in Italia). La gente ti ascolterà, quindi applica con prudenza questo sistema.

Bene, ora vediamo come usare la paura nell'enneagramma. Tutti e nove i tipi, in effetti, sono definiti per prima cosa proprio da ciò che temono di più e da come rispondono agli stimoli, esterni e interni, che generano le sensazioni spaventose.

Le paure sono positive, perché ci focalizzano in modo rapido e intensissimo. Quando siamo inseguiti da un leone, poco importa se la nostra squadra del cuore ha perso il derby, o se fra una settimana ci scade il bollo della macchina. Il nostro corpo è concentrato per sopravvivere e, grazie a questo pensiero, ce la fa.

Crescendo abbiamo conosciuto tutte le nove paure dei tipi e poi abbiamo "scelto", in base all'esperienza personale e ai risultati conseguiti, quella che ci terrorizzava di più. Da ciò abbiamo "direzionato" il cervello verso una sola fobia, cioè quella più potente, in grado di motivarci al massimo.

SEGRETO n. 3: è la paura che decide l'enneatipo. Ogni persona prova le nove paure dell'enneagramma, ma quella che lo spaventa di più costituirà il suo enneatipo.

Questo percorso è in costante evoluzione, ma in genere si indirizza verso un solo enneatipo, perché sarebbe assurdo avere timore oggi di essere licenziati, domani di morire, dopodomani di essere soli e così via. Di solito, "scegliamo" in modo inconscio la nostra fobia quando siamo ancora dei bambini, solitamente nei primissimi anni di vita.

Ricorda quindi che *tutti* abbiamo queste nove paure, perché fanno parte dell'essere umani, ma una di queste ci spaventa molto più delle altre e, potendo scegliere, sarebbe l'ultima che vorremmo provare.

Ogni enneatipo può evolversi e attraversare diverse fasi. Ma questo conta solo quando si parla al singolo individuo, con una massa di persone si ha a che fare con enneatipi in **fase involuta**.

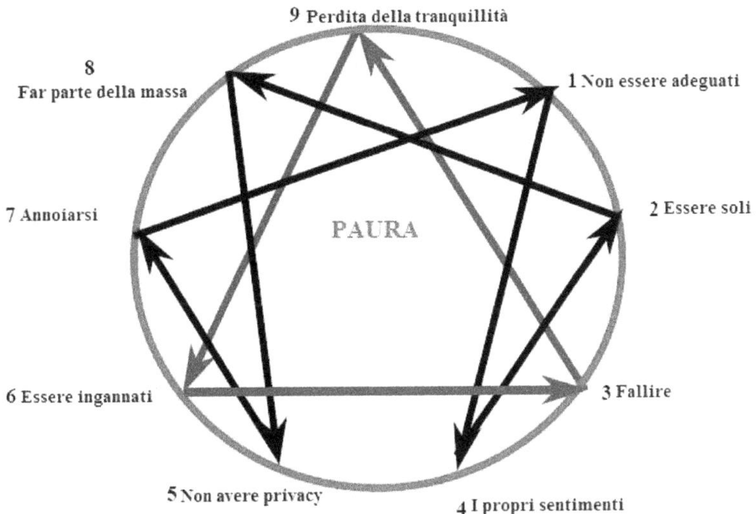

Chi è involuto prende il peggio del proprio enneatipo e si comporta più come un bambino che come un adulto. Per esempio, un bambino 3 (Manager) sarà molto superficiale e si lascerà guidare dai propri istinti. La stessa cosa capita con una folla di 3 adulti, mentre non succede con un singolo 3 adulto.

Se invece hai a che fare con singoli, sarà più facile che si trovino, a seconda dell'età, in una **fase stabile** o normale e, nei casi più rari ed eccezionali, in una **fase evoluta**. In questo stadio si cerca di usare il meglio del proprio enneatipo per influenzare, in modo positivo, la realtà intorno a noi.

SEGRETO n. 4: i nove enneatipi hanno tre livelli di evoluzione: involuto, normale, evoluto. Le masse sono sempre involute.

Come stabilire la domanda guida

Per prima cosa è utile capire cos'è e a cosa serve. È la domanda che ci facciamo quando abbiamo un dubbio o quando siamo indecisi su qualcosa. Si tratta di quesiti di poco conto, azioni quotidiane per le quali non servono giorni di progettazione. È difficile che venga usata per decidere l'acquisto di una casa, ma è probabile che la useremo nel fare la lista della spesa.

Ogni enneatipo ha la sua specifica domanda guida, ha cioè una domanda ricorrente che si fa più spesso delle altre. Questa è sempre legata a ciò che più lo spaventa. Così un 2 (Altruista), che ha paura della solitudine, si chiede più spesso degli altri enneatipi: «Cosa posso fare per essere simpatico?»

Questo sistema è molto efficace in tempi difficili, come quelli in cui si è sviluppata la specie umana. È invece riduttivo e piuttosto superficiale nell'età attuale, dove le scelte diventano sempre più complesse. Se l'opzione è tra vivere e morire, non avremo molti dubbi. In questo caso, la domanda guida è molto utile!

La natura fa le cose per bene e questa sorta di "scelta preferenziale" ci fa risparmiare secondi preziosi, che possono fare la differenza tra la vita e la morte in un mondo primitivo e pericoloso. Oggigiorno però le situazioni non sono così ben delineate; se dobbiamo scegliere quale partito votare, il sistema non funziona più tanto bene. Chiunque vada al potere, a meno di un interesse personale diretto, non ci saranno rivoluzioni totali nella vita degli elettori. Chi vota non lo fa, per fortuna, con il timore di giocarsi la vita.

Ecco che la domanda guida diventa un peso, un limite. Dobbiamo tenerne comunque conto, perché tutti noi ce ne serviamo di continuo e ancora di più quando siamo in gruppo. Ricorda che in condizioni di branco le differenze individuali si riducono fin quasi a scomparire, e queste semplici domande diventano valide per chiunque.

Nello schema qui sotto ho indicato la domanda guida per ogni enneatipo involuto, quelli che non hanno sviluppato le proprie caratteristiche, e per le masse. Una folla di individui simili risponderà con facilità a una di queste domande, a seconda della cultura, del grado sociale, dell'educazione ecc.

SEGRETO n. 5: ogni enneatipo ha una sua domanda guida, che si pone in modo automatico quando deve compiere una scelta. Questa domanda è legata alla paura fondamentale e serve a evitare che si realizzi.

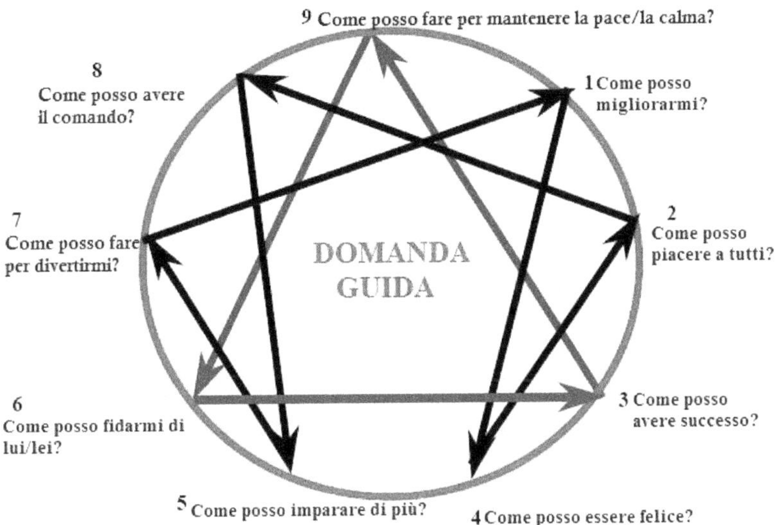

La domanda guida è una molla potentissima, che può essere usata in politica per far pendere una scelta dalla "nostra" parte. Facciamo l'esempio di un programma elettorale. Come si comporteranno gli elettori?

Un 1 (Perfezionista) punterà a individuare gli ideali "migliori" per capire se agisce secondo la giustizia e la morale. Un 6 (Scettico) si chiederà se può fidarsi, se ci si riferisce a un bene superiore, se verrà protetto. Un 9 (Diplomatico) avrà interesse a stabilire se approvando questo programma le cose saranno più tranquille e sicure, per la società in genere.

Le paure e la domanda guida, quindi, determinano le nostre scelte e i nostri orientamenti di ogni genere. Non c'è una domanda "giusta" e una "sbagliata", sono tutte utili se ristrette a un solo ambito, ma negative se portate all'eccesso. Allo stesso modo, ogni paura è positiva, perché protegge da un determinato pericolo. Il problema nasce quando questo finisce per limitare le nostre scelte e possibilità. Conoscendo il timore altrui, puoi sapere da che punto partire per convincerli e per farli aderire alla tua causa.

Influenze esterne

Stai bene attento: il Paese d'origine modifica *sempre* gli enneatipi, così come la città e la regione d'appartenenza, perché la mappa del mondo (vedi anche nel capitolo 2) sarà simile, in quanto formata da una stessa cultura.

L'impatto dell'educazione si mescola con la cultura di base, quindi per esempio un tipo 3 (Manager) milanese sarà molto diverso da un tipo 3 napoletano o romano. Anche se per tutti conta il successo e l'apparenza, magari il primo lo manifesterà con accessori costosi, perché la sua cultura dà peso a questi simboli, mentre quello napoletano può farlo con un'auto e quello romano con un vestito. Questi sono stereotipi, certo, ma rendono l'idea. Ogni città e Paese hanno un territorio culturale simile. Così, ad esempio, il concetto di affetto è molto diverso per un inglese e per un italiano, e anche all'interno dello stesso Stato ci saranno approcci più espansivi o più riservati.

Per comodità, assimileremo ogni Paese intero a un solo enneatipo. Questo non per eliminare le differenze individuali, ma per farti capire che, man mano che il gruppo considerato cresce, alcune caratteristiche emergono simili.

Se considero l'intera umanità, per esempio, posso dire che siamo tutti animali sociali, che ci piace comunicare con i nostri simili, che tendiamo a temere la morte e a cercare di vivere nel modo migliore possibile. Esistono persone che non corrispondono a questo schema? Certo che sì! Ma per comodità, ci possiamo riferire all'umanità in questo modo. Generalizzando, possiamo dire che gli uomini son diversi dalle donne. Ed è corretto affermare che, in media, i primi sono più grossi, violenti e aggressivi. Le seconde sono più piccole, affettuose e dolci. Esistono anche qui uomini dolci e donne violente? Di nuovo, sì. Ma rimane corretto dire che, considerando un gruppo, le differenze si assottigliano. Allo stesso modo, considerando gli italiani come popolo, possiamo indicare dei punti in comune. Questi sono riportati tutti dall'enneatipo 4, il Romantico Tragico.

L'Italia segue, come Paese, l'enneatipo 4, il Romantico Tragico. La città di appartenenza e la regione – più che mai lo Stato – influenzano in modo molto spiccato il comportamento dell'enneatipo. Ciò vale ancora di più per chi ha un forte referente esterno (cioè tende a dare molto peso a ciò che gli altri gli dicono) e forse un po' meno per chi invece ha un forte referente interno (e tenderà a dare meno importanza all'esterno rispetto a ciò che pensa).

Ogni città ha un modo di fare tipico, di cui posso riportare alcuni esempi riconosciuti, i cosiddetti "luoghi comuni", che in effetti sono il frutto di peculiarità della nostra cultura e in parte influenzano la nostra crescita personale.

Faccio qui un elenco di Stati e di città, per dartene un'idea chiara.

TIPO DELL'ENNEAGRAMMA	PAESE	CITTÀ

1 (Perfezionista)	Inghilterra	Torino
3 (Manager)	Stati Uniti d'America	Milano
6 (Scettico)	Germania	Roma

Questo significa che un inglese avrà comunque una base di tipo 1 e, a seconda della propria città, un substrato superiore da "grattare" per scoprire il proprio tipo.

Facciamo un esempio con il nostro Paese: l'Italia, il chiaro modello di tipo 4 (il Romantico Tragico). Gli italiani hanno tutti un modo di comportarsi detto "latino" o "romantico". Anche un tipo 3 o 5 (Eremita) italiano sarà comunque influenzato da questo fatto. Vuol dire che *tutti* gli italiani sono dei romantici? No. Ma il loro modo di vedere le cose è *improntato* dall'educazione e dalla cultura in quella direzione. Il tipo 4 ci influenza in tanti aspetti, e il nostro approccio ai problemi è di tipo empatico e ci facciamo guidare dai sentimenti piuttosto che dalla ragione.

Il nostro Paese ha una natura sismica molto accentuata e purtroppo i recenti tragici eventi ce lo ricordano in modo costante. Eppure, invece di agire per limitare i danni o prevenirli – comportamento logico da 9 (Diplomatico), come il Giappone –

ogni parte sociale, dal governo alle associazioni alla popolazione, continua a lagnarsi e a protestare, cercando capri espiatori solo a disastro avvenuto, così come ci si muove tutti per aiutare i colpiti solo dopo che le coscienze sono smosse e unicamente per il tempo necessario a mantenere attivi i sentimenti. Dopodiché tutto torna alla normalità e le cose restano immutate.

Oltre ai macro tipi per Stato abbiamo i tipi per città, come già detto. Il riferimento è proprio agli stereotipi: un napoletano avrà un'influenza diversa sul comportamento di un milanese o di un palermitano.

Per fare due esempi: Milano è una città di tipo 3 (Manager), Napoli di tipo 4 (Romantico Tragico). Questo significa, in pratica, che un 4 napoletano ha in sé le piene caratteristiche di quel tipo, in quanto:

- è 4 come tipo;
- è 4 come città;
- è 4 come Stato.

Tipo Paese	Tipo	Città	Tipo	Persona
4 Italia	4	Napoli	4	4-4-4

	3	Milano		4-3-4
	6	Roma		4-6-4

Una volta ho conosciuto un 1 napoletano e un 4 milanese. Il tipo 4 milanese era più "distaccato" e meno caloroso del tipo 1 napoletano, che pure apparteneva a un tipo molto razionale in genere. L'influenza della città e dello Stato cambia comunque il modo di comportarsi della persona, ricordalo sempre!

Rivolgendosi a un gruppo partenopeo è quindi più utile un rapporto di tipo 4, senza dover fare altro: è il caso più semplice in assoluto, in quanto tutti i parametri rientrano in questa categoria. Può invece essere diverso rivolgersi a un gruppo di persone *specifiche* – ad esempio un gruppo di medici, o di professori universitari, o di studenti. In tal caso può essere utile ricordare che l'influenza culturale rimane forte, ma è facile imbattersi in tipi diversi. I medici, ad esempio, di solito ricadono nella tipologia 1 (Perfezionista), i professori universitari nel tipo 5 (Eremita) e gli studenti nel tipo 4 (Romantico Tragico). Ne parleremo meglio più avanti, dopo aver analizzato i vari tipi.

Influenze interne

Ogni tipo dell'enneagramma ha vicino a sé due altri numeri. Questi sono dette "ali" del numero principale. Influenzano il numero in misura variabile, quindi ognuno avrà un pizzico in più o in meno di quello che potrebbe avere un'altra persona dello stesso tipo.

I numeri non sono quindi a caso: un 3 ha ali in 2 e in 4, un 6 in 5 e in 7 e così via. Sono, cioè, il numero che precede e il numero che segue il tipo che si sta prendendo in considerazione al momento. L'influenza delle ali deriva da un insieme di fattori, ma quando si incontra un tipo si ha pressoché sempre un'influenza data dalle due ali.

Le ali sono regolate dai tre vertici dell'enneagramma: 3, 6 e 9. Il 3 (Manager) e le sue due ali 2 e 4 si preoccupano per l'immagine. Il 6 (Scettico) e le sue due ali 5 e 7 condividono l'aspetto fobico. Il 9 (Diplomatico) e le sue due ali 1 e 8 condividono l'ira.

Queste sono le ali principali. Anche gli altri vertici le hanno: il 4 ha 3 e 5, per esempio. La differenza è che i tre vertici incarnano molto più degli altri l'*ideale* del vertice e, oltre a influenzare i tipi limitrofi con la propria vicinanza, appunto, ne modificano in larga parte il comportamento. Vediamole in breve.

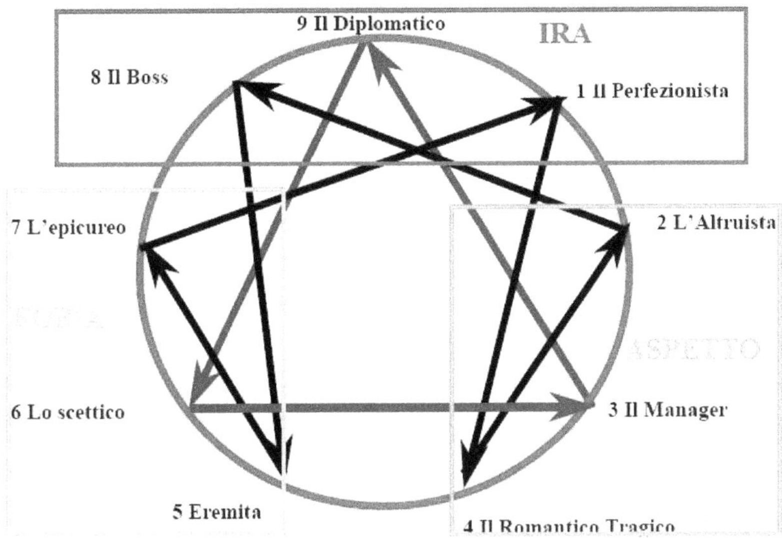

Il vertice 3: l'aspetto

I 3, i 2 e i 4 sono condizionati dal loro aspetto e da quello degli altri, e su questo si fonda il loro tipo. Il 3, vertice, incarna l'aspetto come ideale del proprio tipo: vive per l'immagine che ha e per le reazioni altrui. Le sue due ali, 2 e 4, ampliano la concentrazione sull'esteriorità arrivando anche all'aspetto personale e proprio, e al modo per legarlo agli altri. Il 2 vive l'immagine esterna come una chiave per relazionarsi, il 4 la considera un modo per differenziarsi ed essere unico.

Il vertice 6: la fobia

I 6, i 5 e i 7 sono dominati dalla fobia. Il 6, vertice, è il tipo fobico, governato dalle paure per l'esterno. Il 5 e il 7 hanno adattato questa fobia a un ambito specifico: timore dell'esterno per il 5, della noia e delle responsabilità per il 7.

Il vertice 9: l'ira

I 9, gli 1 e gli 8 sono dominati dall'ira. Il 9, vertice, ha in questa la sua massima paura e quindi la nega in ogni aspetto. L'1 la reprime fino a farla esplodere mentre l'8 le dà libero sfogo. Anche questo aspetto può essere molto importante quando ci si rivolge a un gruppo!

Le persone che ricadono nel vertice 3-2 e 3-4, come abbiamo detto, sono molto sensibili all'aspetto. Esempi di queste categorie sono i manager (tipo 3) o gli studenti liceali (tipo 4). Costoro daranno molta importanza a come ci si presenta, soprattutto dal punto di vista dell'abito. Sbagliare "divisa" con loro significa quasi di sicuro giocarsi ogni possibilità futura di interazione. Sono infatti portati a fidarsi della prima impressione e a basarsi su di essa pressoché per tutto.

Direzioni

Ogni tipo dell'enneagramma, abbiamo detto, non è fisso. Si "muove" in altre direzioni, come illustrano le varie figure con le frecce. Le direzioni sono date dallo stato attuale in cui si trova la persona e sono dette **fase di stress** e **di euforia**. In pratica funziona così: quando un numero è in un momento di stress (nella società attuale, soprattutto in città, è facile imbattersi in queste tipologie "migranti") prende a prestito il comportamento di un altro tipo. Le parti peggiori, però! Ad esempio, un 5 (Eremita) in stress prenderà il peggio del 7 (Epicureo) e si comporterà in modo irresponsabile e disordinato.

Quando invece il numero è in un momento di euforia (in vacanza, a una festa, quando vince qualcosa, per esempio) il suo tipo prende le parti migliori di un altro, quelle che meglio si integrano con il proprio carattere e con il proprio tipo di appartenenza. Ad esempio, un tipo 4 (Romantico Tragico) in euforia prenderà il meglio dell'1 (Perfezionista), dedicandosi a compiti giusti e positivi invece di piangersi addosso.

Una caratteristica interessante di queste direzioni è che funzionano nei due sensi: il meglio di uno è il peggio dell'altro! Ovvero, quel che un numero prende in euforia l'altro numero lo prova in fase di stress. Facciamo un semplice esempio che spiega tutto: 1 (Perfezionista) e 4 (Romantico Tragico). L'1 va in stress in 4 e ne prende il peggio. Il 4 va in euforia nell'1, acquisendone il meglio.

Le direzioni ti serviranno meno se parli alle folle, perché è difficile che un'intera città, o ancor più un'intera Regione, sia tutta insieme in stress o in euforia. Se però ciò dovesse succedere, per esempio a seguito di un disastro o di una festa, puoi usare una comunicazione rivolta ai due vertici corrispondenti.

RIEPILOGO DEL CAPITOLO 1:

- SEGRETO n. 1: l'enneagramma, che si basa sulla categorizzazione in nove tipi, è una tecnica antica che funziona molto bene anche nel mondo moderno.
- SEGRETO n. 2: ogni enneatipo è influenzato dai numeri vicini, detti "ali". La loro combinazione rende ogni persona unica.
- SEGRETO n. 3: è la paura che decide l'enneatipo. Ogni persona prova le nove paure dell'enneagramma, ma quella che lo spaventa di più costituirà il suo enneatipo.
- SEGRETO n. 4: i nove enneatipi hanno tre livelli di evoluzione: involuto, normale, evoluto. Le masse sono sempre involute.
- SEGRETO n. 5: ogni enneatipo ha una sua domanda guida, che si fa in modo automatico quando deve compiere una scelta. Questa domanda è legata alla paura fondamentale e serve a evitare che si realizzi.

CAPITOLO 2:
Come comunicare con efficacia

Ora vedremo alcune tecniche di comunicazione, molte delle quali derivate dalla PNL (la Programmazione Neuro Linguistica), un sistema di trasmissione avanzata molto efficace. Ti dirò nel capitolo successivo come si usano tali strategie e come applicarle in modo fruttuoso e semplice all'enneagramma.

I metaprogrammi

Quando prendiamo delle decisioni utilizziamo, per istinto, dei metaprogrammi. Questi ci danno una scelta possibile in due direzioni, ma non ammettono una terza via: o si fa in un modo, o nel modo opposto. Non si può essere neutri, rispetto a un metaprogramma. Per esempio, se ti dicono: «Vuoi sposare questa persona?» la tua risposta può solo essere «sì» o «no», ma non «in parte». Ogni nostra scelta è influenzata dai metaprogrammi.

Perché alcune persone dicono «sì» e altre «no»? In base ai propri metaprogrammi, ovvero alle proprie "scelte di base".

Tutti noi utilizziamo i metaprogrammi, di continuo. Non ne esistono di giusti e di sbagliati, ognuno ha un'applicazione utile in un campo e negativa in un altro. Nessuno possiede l'esatta combinazione di qualcun altro, dato che esistono più di duecento metaprogrammi!

Il rischio è che ognuno di questi catturi solo metà dei consensi, ma usando entrambi i suoi estremi, si è certi di coinvolgere tutti dalla propria parte. Quando fai un discorso, o prepari un programma politico, è bene includere entrambi i metaprogrammi. Per esempio, se in una proposta elettorale vuoi promuovere la scelta di limitare i fumatori, devi fare in modo che si colga il messaggio. Se dici: «Bisogna limitare il fumo per la salute», potrai avere il voto di chi usa il metaprogramma Via da, ma non quelli Verso, che invece potrebbero obiettare che ne limiti la libertà. Meglio allora spiegare che, *oltre* alla salute, si è più liberi di assaporare l'aria pura; questo cambia le cose.

SEGRETO n. 6: ogni persona prende le proprie decisioni in base ai suoi metaprogrammi. Questi permettono solo una scelta tra due possibilità.

PREZZO RELATIVO	**PREZZO ASSOLUTO**
Considera il prezzo in relazione al valore	Considera il prezzo in relazione alle proprie finanze

Questi sono i metaprogrammi più comuni e importanti, buoni per fare un bel discorso. Chi utilizza il metaprogramma del Prezzo relativo, nel valutare il costo di un acquisto, cerca di capire se ne vale la pena. È motivato da frasi come «in sconto», «offerta speciale» e simili. Chi risponde al secondo (Prezzo assoluto) non si lascia tentare da alcun tipo di offerta. È l'incubo del venditore!

Il primo tipo ha il vantaggio di essere flessibile e lo svantaggio di essere manipolabile. Questo lo mette in pericolo di fronte alle pubblicità, anche quelle ingannevoli, che promettono un buon risultato per un prezzo inferiore. Il secondo ha il vantaggio di essere sicuro di sé e lo svantaggio di non adattarsi a nulla, può così lasciarsi sfuggire delle buone occasioni.

Esempio: una macchina costa 10.000 euro.

- Prezzo relativo: considera cosa fa l'auto per aver quel costo;
- Prezzo assoluto: cerca una macchina più economica, perché secondo lui 10.000 euro sono troppi, per qualunque auto.

REFERENTE INTERNO	REFERENTE ESTERNO
Si basa su ciò che pensa di se stesso	Si basa su ciò che gli altri pensano di lui

Chi ha un deciso Referente interno è indipendente e non segue le mode o i consigli altrui. Ciò gli fornisce una forte autostima. Chi ha un Referente esterno segue sempre il giudizio degli altri per misurare le proprie azioni. Questo lo rende spesso popolare.

Il primo tipo (Interno) ha il vantaggio di non dipendere dagli altri, e lo svantaggio di non ascoltare i buoni consigli. Questa linea di condotta, tipica degli artisti, li rende alieni rispetto agli altri, che non li capiscono e rimangono interdetti per il loro modo di fare "originale".

Il secondo tipo (Esterno) ha il vantaggio di essere accettato con facilità dagli altri, perché segue le loro regole e abitudini. Lo svantaggio risiede nel non saper giudicare cosa fare senza ascoltare gli altri, e di dipendere quindi da loro per ogni cosa. Chi ha Referente esterno si lascia controllare con facilità.

Esempio: tingersi i capelli di blu e viola.

- Referente esterno: lo fa, se è ritenuto alla moda;
- Referente interno: lo fa, se gli piace farlo.

IN TIME	*TROUGH TIME*
Preciso e puntuale, non ritarda mai	Ha un'idea relativa del tempo

«Il tempo è relativo», diceva Einstein. È vero, e dipende anche dal metaprogramma che utilizzi. Ci sono persone che usano il modello *In time*, detto anche "occidentale", dove il tempo è preciso e misurato. Per chi ha quest'idea, arrivare in ritardo è un insulto, una mancanza di rispetto e qualcosa da evitarsi a tutti i costi. Ci sono regioni italiane con un modello di questo tipo, certamente molto più diffuso nel Nord Italia.

Il modello *Trough time* si sente immerso nel flusso del tempo e non lo subisce né lo misura come il modello occidentale. È più diffuso nelle regioni del Sud; chi ha questo sistema non è troppo preoccupato dal far tardi, perché, se non c'è una scadenza rigida, in fondo, non muore nessuno!

Esempio: arrivare mezz'ora dopo all'appuntamento con un amico.

- *In time*: si scusa, si dispera perché ha fatto il possibile per impedirlo, ma le cause esterne hanno agito contro di lui;
- *Trough time*: si scusa, ma alla fine pensa che non è successo nulla di grave e se ne dimentica velocemente.

VERSO	VIA DA
È motivato dall'avere il piacere	È motivato dall'evitare il dolore

Chi segue il metaprogramma Verso è spinto a fare o a non fare qualcosa in base al piacere che ne ricaverà. Il vantaggio è che cerca il lato positivo nelle cose e si fa condurre da ciò che è bello. Lo svantaggio è che non si accorge, spesso, dei pericoli che corre nell'ignorare ciò che è male.

Il Via da, invece, evita ciò che può provocargli dei danni. Agirà con prudenza ed scansando le cose che sa, o pensa, possano procurargli problemi. Il vantaggio sta nel suo saper evitare guai, lo svantaggio nel fatto che, così agendo, vive nella paura e pieno di limiti autoimposti.

Esempio: comprare un'auto.

- Verso: la sceglie in base all'aspetto, alla velocità, alla potenza;
- Via da: la sceglie in base al risparmio (evita di spendere) e alla sicurezza (evita danni fisici).

GENERALE	PARTICOLARE
Si interessa della visione d'insieme	Si interessa dei particolari delle cose

Chi si occupa del Generale tende a considerare le cose in un'ottica molto ampia, che tiene conto di diverse variabili: il futuro, il presente, il passato, le condizioni a breve e a lungo termine. Il vantaggio è di riuscire a fare piani a lunga scadenza e a programmare gli eventi. Lo svantaggio è che non considera le piccole cose.

Chi è Particolare, al contrario, si impunta sui dettagli. Considera tutto in base all'attimo, a come vanno le cose in quel particolarissimo momento storico. Il vantaggio è il suo essere molto preciso e il saper cogliere le opportunità al volo. Lo svantaggio è che non riesce a vedere il quadro più ampio, ad agire in prospettiva.

Esempio: osservando un bosco.

- Particolare: fissa l'attenzione sui singoli alberi;
- Generale: considera il bosco come un unico insieme.

UGUAGLIANTE	DISUGUAGLIANTE
Cerca i punti in comune con gli altri	Cerca le differenza con gli altri

Gli Uguaglianti sono ottimi compagni: cercano di capire gli altri e trovano sempre punti di contatto, in qualsiasi ambito e cultura. Così facendo però finiscono per seguire il giudizio del gruppo e fidarsi troppo, in qualsiasi occasione.

I Disuguaglianti invece sono in contrasto perenne con tutti. Trovano sempre il pelo nell'uovo e non gli va mai bene niente. Sono preziosi in un team, perché possono trovare gli aspetti deboli di qualsiasi progetto, avendo un punto di vista alternativo rispetto agli altri. Lo svantaggio è che, proprio per questo modo di fare, sono antipatici e insopportabili.

Esempio: parlare con uno spagnolo.

- Uguagliante: lo considererà simile a sé per la somiglianza della lingua e, di conseguenza, della religione e della cultura;
- Disuguagliante: troverà molte differenze, come il cibo, le città, le influenze storiche.

Ogni enneatipo ha, in linea generale, dei metaprogrammi di riferimento. Questo è da intendersi in media, e non sul singolo. Come abbiamo già detto, siccome ti servirà di più saperti rivolgere al gruppo che a una sola persona, è molto probabile che questo schema vada bene. Per esempio, un enneatipo 1 (Perfezionista) ha di solito, come media, il metaprogramma Via da rispetto al Verso. Se ti riferisci a un gruppo di medici, quindi, è meglio insistere su questo, puntando al Via da. Se invece parli con un medico solo, può valere l'uno quanto l'altro, e questo sistema generico non regge. Con il singolo, in una prima fase, meglio se utilizzi entrambi.

Mappa del mondo

La mappa del mondo è la nostra "bussola" personale, con la quale stabiliamo come reagire agli eventi esterni. Come per la domanda guida e la paura, deriva dalle esperienze e dall'educazione, quindi non ne esiste una giusta e una sbagliata. Anche la peggiore, la più violenta e prepotente tra le mappe, è nata per uno scopo.

L'elemento più importante è che tutti hanno un proprio personale punto di vista, e i contrasti nascono nel momento in cui ci si scontra con quelli altrui. Ogni mappa stabilisce cosa fare e due mappe diverse reagiranno in modo, talvolta, molto differente.

SEGRETO n. 7: ogni persona ha una propria mappa del mondo, formata dalle esperienze soggettive.

È evidente che più ci si avvicina come enneatipo e città d'appartenenza, più le mappe tendono ad assomigliarsi. Facendo un esempio, quasi chiunque sia nato e cresciuto a Padova riterrà il mangiare cani e la poligamia come cose sbagliate. Ma queste non sono in effetti né buone né cattive, bensì rispondono a usi e abitudini relativi: un nativo di Seul potrebbe considerare normale mangiare carne di cane. La mappa si riferisce a un luogo geografico limitato e preciso, come un quartiere, una città, una regione, talvolta uno Stato. Più si allarga il quadro e meno la mappa ha valore restrittivo.

Questa sfumatura è molto importante quando si vuol parlare alle masse, perché se è possibile far riflettere un singolo individuo, per spiegare le differenze tra popoli e culture, è impossibile farlo con un gruppo ampio. Qui varranno elementi più negativi: razzismo, xenofobia, odio culturale, politico, prepotenza, rifiuto del diverso. Ricorda che sta a te usare il potere che raggiungi per cambiare le cose in meglio. Ai cittadini interessa stare bene, sei *tu* a dir loro quale strada seguire, in che modo ottenerlo. La mappa è molto sensibile alle paure, come gli enneatipi. Puoi motivare senza problemi la gente usandone le fobie, ma se premi per creare una moltitudine spaventata e atterrita, che genere di Paese, di programa politico, di idea del futuro hai in mente?

Canali rappresentazionali

Il nome è complesso, ma il concetto è molto semplice: tutti noi, in quanto esseri umani, utilizziamo come primo senso la vista e ci riferiamo alle immagini come sistema più facile per trasmettere pensieri e idee. Del resto, prova a rispondere: ti fa più effetto un cartellone pubblicitario con una foto significativa o un fiume di parole?

Tale impostazione deriva dalla nostra evoluzione: siamo primati, ci esprimiamo con le espressioni facciali, i muscoli mimici, e non molto con gli odori, come fanno invece i cani. Ma anche se ciò vale per tutti, non è così per quel che riguarda i pensieri e il modo di esprimersi. Anche le parole sono molto importanti, come sai, e pure le emozioni che utilizzi.

Possiamo suddividere le persone in tre categorie, in base a quale senso utilizzano di più quando parlano, ricordano e immaginano.

Si dicono **visivi** coloro che si affidano alla vista e si basano su di essa per fare descrizioni. Si esprimono per immagini e prediligono forme e colori. Nel parlare usano termini riferiti a essi, come «è una giornata *splendente*», «vedo tutto *rosa*», «sei *scuro* in viso». Parlano molto in fretta, respirano altrettanto rapidamente e fanno molti gesti, ampi e all'altezza del viso e della testa.

Si dicono **auditivi** quelli che preferiscono l'udito. Suoni, rumori e parole sono la loro forma di comunicazione. Spesso sono molto portati per il ragionamento matematico, i ritmi e la musica. Usano parole riferite al mondo sonoro, come «oggi non ho *sentito* nessuno», «sei proprio *suonato*», «non siamo in *sintonia*». Fanno meno gesti dei visivi e mantengono la voce monocorde, con un ritmo in certi versi noioso, perché prestano molta attenzione a non urlare o ad abbassare il tono quando non è necessario.

Infine i **cinestesici** utilizzano gli altri sensi, tatto, gusto e olfatto, quando parlano. Si basano sulle sensazioni e si esprimono molto lentamente, specie se paragonati a un visivo. Non fanno quasi mai gesti e in nessun caso molto ampi. Parlano riferendosi a sensazioni e altri sensi, dicendo cose come «sei una persona *dolce*», «qui c'è *puzza* di bruciato», «sei molto *freddo* con me».

SEGRETO n. 8: gli esseri umani si dividono in visivi, auditivi, cinestesici in base al senso che preferiscono.

Nelle folle troverai una mescolanza di questi tre tipi, quindi è bene, quando parli, riferirti a tutti loro. Usa parole che si rifanno a elementi visivi, auditivi e cinestesici. Se sei un visivo: impara a parlare con più calma, a fare delle pause e a limitare i gesti. Respira tranquillamente senza affannarti. Se sei un auditivo: cambia tono, di tanto in tanto. Alzare e abbassare la voce è un ottimo modo per richiamare l'attenzione altrui. Se sei un cinestesico: parla più in fretta e sottolinea le parole con dei gesti.

Non serve evocare sensazioni intense, e anche quando lo fai è meglio dire più cose che fare lunghe pause.

VISIVO	AUDITIVO	CINESTESICO
Parla molto in fretta	Voce con tono monocorde	Parla molto lentamente
Fa gesti ampi	Fa piccoli gesti	Pochissimi gesti
Respira in modo rapido	Respira in modo pacato	Respira in modo profondo

Bisogni di Maslow

La piramide dei bisogni teorizzata da Maslow è considerata oggi una delle più valide quando si tratta la psicologia umana. Secondo tale piramide, abbiamo dei bisogni fondamentali, che valgono per tutti. Sono quattro e tutti potentissimi, poiché senza di essi si muore. Infatti, costituiscono la base della mente e permettono un corretto equilibrio e sviluppo come individui e comunità.

Il primo bisogno è la **sicurezza**. È spesso il più importante tra tutti i bisogni, perché nessuno al mondo riuscirebbe a sopravvivere senza avere alcuna certezza, tanto che si preferisce soffrire piuttosto che mettere in gioco la nostra stabilità.

I modo più usati per solidificare la nostra sicurezza sono i titoli professionali, il lavoro e il denaro. Questi sono tutti mezzi, e non fini, che cercano di soddisfare una necessità; tramite essi si vuole infatti poter vivere senza preoccupazioni e dubbi sul futuro.

Immagina, ad esempio, quanto sarebbe scioccante se ti svegliassi ogni giorno in un luogo sconosciuto, senza nessun volto familiare. Forse all'inizio ne saresti emozionato e ti ci potresti anche divertire. Ma se la cosa si prolungasse oltre le aspettative, di certo percepiresti tutto come minaccioso e preoccupante.

In un crudele esperimento, furono messe delle scimmie in una stanza con delle mattonelle colorate. Prima si elettrificarono le gialle e gli animali impararono a evitarle; poi le blu, e anche in quel caso ne capirono il trucco; infine le rosse, e la reazione delle scimmie fu ancora coerente. Dopo di ciò, la corrente venne data a caso, senza alcuno schema. In pochi giorni le scimmie impazzirono e si uccisero tra loro, terrorizzate dal fare qualsiasi passo che poteva essere doloroso senza motivo.

La routine e le abitudini, anche se alla lunga sono noiose, sono più benvolute dell'incertezza del domani. Si preferisce fare un lavoro triste e mal pagato piuttosto che lasciarlo per cercare qualcosa di più adatto, perché siamo cresciuti con l'idea che «chi lascia la via vecchia per la nuova, sa quel che lascia e non quel che trova».

Il secondo bisogno, il **cambiamento**, è contrapposto al primo e si caratterizza per il senso di novità. Nessuno riesce a sopportare una serie di giorni identici, e anche chi è costretto a farlo, come i detenuti o chi è ricoverato in ospedale per lunghi periodi, inventa stratagemmi per rendere i giorni diversi. Anche un semplice programma televisivo fornisce uno stimolo al cervello per funzionare. Quando ripetiamo sempre gli stessi gesti, l'inconscio prende il controllo e assimila le consuetudini per evitarci di pensare a tutto. Così ci abituiamo a fare la stessa strada in auto, a battere a macchina o sulla tastiera, a leggere. Ma fare solo gesti automatici dopo un po' diventa logorante. Per rinforzare il bisogno di cambiamento si ricorre a qualsiasi cosa, anche a sostanze pericolose come droghe e alcol.

Il terzo bisogno è l'**identità personale**. Nessuno riesce a vivere senza sapere chi è e cosa può fare, è il motivo per cui gli orfani cercano di scoprire le proprie radici, oppure chi non ha alcuna notizia su di sé si costruisce un'identità tramite titoli accademici, coppe, premi sportivi. Tra le deviazioni negative del voler ottenere il rispetto e l'identità dagli altri ci sono la prepotenza e la violenza sui più deboli. Chi manca di autostima tende a prendersela con chi gli è inferiore in modo da avere qualcuno da guardare dall'alto in basso. La nostra specie è molto competitiva, in particolar modo gli uomini, ed è difficile che qualcuno accetti il ruolo di ultimo gradino della scala senza ribellarsi o provare rancore.

Opposto al terzo bisogno è il quarto: l'**amore**. Anche questo è necessario, sia da dare che da ricevere. Non si può vivere senza amore di alcun tipo, e anche i più malvagi hanno qualcuno che amano, che sia anche un'entità astratta o un dio. Per l'amore si uccide e ci si fa uccidere, è la più potente emozione che abbiamo e genera tutte le altre: tristezza, ammirazione, ira, gioia, disprezzo, disgusto, attrazione, gelosia sono tutte create dall'amore o dalla sua assenza. Per ottenere amore siamo disposti a fare tutto, incluso ricattare e pressare emotivamente chi ci nega il proprio!

I quattro bisogni sono leve molto potenti ed è bene, nel parlare a un gruppo, fare in modo di includerli tutti.

SEGRETO n. 9: tutti agiscono per soddisfare quattro bisogni di base: sicurezza, cambiamento, identità personale e amore.

Anche questi si applicano bene all'enneagramma, in quanto, come ricorderai, tutti gli enneatipi rispondono a una paura fondamentale e quindi, in sostanza, a un bisogno della serie di Maslow. Come sempre, è un'indicazione che funziona molto bene nell'approccio con le folle, meno col singolo. Per esempio, quando hai a che fare con una folla di 3 (Manager), come a una riunione di commercianti, è utile riferirsi all'autostima e alla sicurezza. Meno utile appellarsi all'amore e al cambiamento, concetti che non sempre favoriscono il raggiungimento del successo (e la paura del 3 è appunto quella di fallire).

Quindi:

- con gli 1 (Perfezionista) è utile far leva sulla sicurezza e l'autostima;
- con i 2 (Altruista) sull'amore e la sicurezza;

- con i 3 (Manager) sull'autostima e la sicurezza;
- con i 4 (Romantico Tragico) sull'amore e la sicurezza;
- con i 5 (Eremita) sull'autostima e la sicurezza;
- con i 6 (Scettico) sulla sicurezza e l'amore;
- con i 7 (Epicureo) sul cambiamento e l'amore;
- con gli 8 (Boss) sull'autostima e la sicurezza;
- con i 9 (Diplomatico) sulla sicurezza e l'amore.

RIEPILOGO DEL CAPITOLO 2:

- SEGRETO n. 6: ogni persona prende le proprie decisioni in base ai suoi metaprogrammi. Questi permettono solo una scelta tra due possibilità.
- SEGRETO n. 7: ogni persona ha una propria mappa del mondo, formata dalle esperienze soggettive.
- SEGRETO n. 8: gli esseri umani si dividono in visivi, auditivi, cinestesici in base al senso che preferiscono.
- SEGRETO n. 9: tutti agiscono per soddisfare quattro bisogni di base: sicurezza, cambiamento, identità personale e amore.

CAPITOLO 3:
Come utilizzare l'enneagramma in politica

Tratteremo ora l'applicazione dell'enneagramma alla politica, cioè come sfruttare in modo diretto quanto finora detto. Ci occuperemo di masse di persone e di come rivolgerci a loro, e vedremo singolarmente e concisamente ogni enneatipo e i metaprogrammi da essi utilizzati. Inoltre, ci serviremo dei canali sensoriali e delle tecniche specifiche tarate su ogni tipologia.

Ti ricordo che tutto ciò è possibile solo se parli a un gruppo, perché il singolo, viceversa, va trattato secondo il suo enneatipo e solo attraverso quello.

Stati, regioni, comuni, città

Stabilire un solo enneatipo che vada perfettamente bene per tutti gli abitanti di un comune o di una regione è impresa impossibile, per il fatto che ognuno ha, come hai visto nel capitolo precedente, una propria personalità e che ogni singolo cittadino presenta delle idee proprie. Ma è anche vero che ognuno di essi risponde, in gruppo, come un'unica entità, con molte passioni ed emozioni e poche ragione e razionalità. Questo è scontato e ha una sua precisa ragione: mettiamo il caso che un gruppo di pirati, o di iene, assaltasse un villaggio o una tribù. Se ogni singolo individuo pensasse in modo individuale alla soluzione migliore per respingerli, facilmente il gruppo sarebbe distrutto. Se, invece, ci fosse un leader a spronarli alla reazione, contrattaccando o chiudendosi in difesa, ci sarebbero molte più possibilità di sopravvivenza per la popolazione.

Questa "logica" ha anche i suoi risvolti negativi, però: basta poco a sobillare una massa per scopi ben poco nobili, se si sa dove e come stimolare un'emozione. Così è facile istigare una rivolta o aizzare l'odio contro qualcuno, trovare un capro espiatorio per qualche colpa o un responsabile più o meno convincente. È il metodo utilizzato dalle dittature (noti esempi tragici sono i nazisti contro gli ebrei in Germania o gli hutu contro i tutsi in Ruanda) che raggiungono i loro scopi agendo sulla massa. Un esempio vicino a noi ce lo forniscono i tifosi in curva allo stadio: essi urlano con odio e rabbia contro una squadra colpevole dell'orrendo crimine di essere entrata nel "loro" territorio. Quasi nessuno dei coinvolti agirebbe così, preso da solo. Ma con la forza del gruppo ci si sente autorizzati a seguire gli altri, per quanto primitivi e selvaggi possano essere.

Questi sono fatti noti a tutti... ma ecco qualcosa di molto meno noto: i Paesi, le città e le regioni talvolta adottano, come se fossero individui, i comportamenti di un enneatipo, che mantengono nel tempo a meno di qualche trasformazione – ad esempio a causa di una guerra persa, di un cataclisma o simili.

SEGRETO n. 10: le città, le regioni e i Paesi seguono un comportamento simile a quello di un enneatipo preciso.

Il nostro Paese, come abbiamo visto, segue il modello dell'enneatipo 4, il Romantico Tragico. Parleremo di tutti gli enneatipi e di come funzionano, ma ci concentreremo in modo particolare proprio sul tipo italiano.

SEGRETO n. 11: l'Italia segue l'enneatipo 4 (Romantico Tragico). La maggior parte degli italiani, quindi, si rifà in linea generale al comportamento di questo tipo, ma l'influenza delle specifiche geografiche rende ogni singolo comune diverso.

Di ogni enneatipo evidenzierò i metaprogrammi più efficaci, la modalità preferita, una città che segue quel modello, un Paese che ne è caratterizzato e come motivarlo per prendere voti.

Tipo 1 – Perfezionista:

- Paese tipo: Giappone.
- Città tipo: Londra.
- Metaprogrammi più efficaci: Referente esterno, Via da, *In time*.
- Modalità preferita: visivo.

Il tipo 1 è il Perfezionista, anche se potrebbe essere considerato ugualmente "l'iracondo". L'ossessione di questo enneatipo è ottenere il massimo in tutti i campi e farlo per un bene superiore. Non accetta di essere superato in ciò che reputa importante, e se per disgrazia ciò dovesse avvenire farà di tutto per migliorarsi e dimostrarsi perfetto. Cerca sempre una grande causa cui dedicarsi, come il volontariato, l'aiutare gli altri e simili. Ma anche se sembra una cosa molto nobile, questo modo di fare nasconde in realtà un motivo ben più pratico: sfogare la rabbia. L'1 infatti tende a reprimersi in tutto, a tenere a bada le emozioni per apparire perfetto e irreprensibile, ma nel profondo cova una collera pronta a esplodere che deve per forza sfogare in qualche modo.

Il temperamento dell'1 lo porta a scegliere cause considerate nobili e in ogni caso "grandiose", ma questo va interpretato dalla *sua* ottica. Per esempio, un kamikaze che si fa esplodere lo fa per una causa superiore – e molto spesso ricade proprio nell'enneatipo 1 – ma ciò non lo rende "giusto" in termini assoluti. La sua percezione delle cose è in bianco e nero: giusti e ingiusti non hanno quasi mai sfumature, da una parte stanno gli innocenti e dall'altra i colpevoli.

Un Paese di tipo 1 cerca di ottenere il massimo e per conquistare la sua fiducia la cosa migliore è puntare su argomenti di nobiltà d'animo e di giustizia. Presi singolarmente, questi tipi sono ragionevoli come chiunque, mentre in una folla cedono al loro spirito "inquisitore", cercando i colpevoli su cui sfogare la propria ira. È bene ricordare che la massa si coinvolge arrivando al cuore e mai alla testa, in nessun caso!

Come motivarlo

Un metodo efficace, anche se molto discutibile, potrebbe essere proprio quello di trovare un capro espiatorio, causa prima delle cose che non vanno, in modo da identificare un nemico. Io invece suggerisco di appellarsi alla giustizia e all'onestà, concetti che di per sé non significano nulla, di cui ognuno ha una personalissima idea, ma che riferiti a una massa di persone si appellano a tutto ciò che di buono si ha nel cuore.

Tipo 2 – Altruista:

- Paese tipo: Francia.
- Città tipo: Bologna.
- Metaprogrammi: Referente esterno, *Trough time*, Uguagliante.
- Modalità preferita: cinestesico.

Quel che conta di più per il 2, l'Altruista, sono le altre persone. Ciò di cui ha più terrore è restare solo. Non riesce a pensare alla propria esistenza senza considerare gli altri e ha bisogno di loro per darsi un'identità. Per assicurarsi la vicinanza altrui è molto disponibile e servizievole, ma ciò cui mira sono l'approvazione e il riconoscimento del suo operato, in caso contrario può anche allontanarsi da chi ritiene irriconoscente. È molto superbo e adora sapere che, anche per gli altri, è indispensabile e prezioso. Non ha una vera e propria opinione personale, ma si adatta a chiunque abbia davanti, in modo da creare subito sintonia.

Un Paese di tipo 2 punta molto sugli aiuti ai deboli e sulla protezione delle fasce a rischio, come gli anziani, i bambini, gli animali, i poveri. L'idea di benessere è associata con quella di aiuto e di sovvenzione pubblica.

Come motivarlo

Si può far leva sul sociale, sul volontariato, sugli aiuti ai più bisognosi. Queste cose lo appassionano, perché qui più che in altre occasioni può ricevere l'apprezzamento che desidera. Questo tipo di Paese, o città, ambisce al riconoscimento da parte degli altri, perché adora essere lodato per le sue "buone azioni" e per la sua difesa della giustizia.

Tipo 3 –Manager:

- Paese tipo: USA.
- Città tipo: Milano.
- Metaprogrammi: Referente esterno, Verso, *In time*, Particolare.
- Modalità preferita: visivo.

Il tipo 3, il Manager, non conosce pausa, è sempre indaffarato, sempre pronto a fare qualcosa per emergere e avere successo. Perché è questo che conta per lui: diventare qualcuno! Per realizzare il suo obiettivo è disposto a tutto, anche a calpestare i diritti altrui. Non ha una morale molto solida: la ragione sta dalla parte del più ricco.

Il suo schema di comportamento è improntato all'agire piuttosto che al riflettere. Non gli interessa perder tempo a pensare cosa è giusto e cosa è sbagliato: si muove e poi giudica se ha fatto bene o no. Le continue guerre americane sono un esempio della logica del 3 improntata molto sull'azione e poco sulla diplomazia.

Come motivarlo

Basta poco: i beni materiali, la ricchezza, i comfort, gli abiti firmati sono le cose che lo smuovono di più. Mettere l'accento sugli sviluppi economici, le tasse più eque, i vantaggi per le imprese. Un Paese 3 ricco è un Paese felice!

Tipo 4 – Romantico Tragico:

- Paese tipo: Italia;

- città tipo: Napoli;
- metaprogrammi: Verso, Prezzo fisso, *Trough time*, Referente interno;
- modalità preferita: cinestesico.

Questo è il più importante se fai il politico a livello nazionale. Il nostro Paese infatti segue lo schema di comportamento tipico del Romantico Tragico: pronto a commuoversi, lento ad agire.

Tale enneatipo è molto sensibile, anche fragile, per certi versi. Quando è preso dai sentimenti (il che accade molto spesso) è difficile ragionarci, anche su questioni semplici. Il suo fine è soddisfare la propria smisurata emotività. Nostalgico inguaribile, è sempre pronto a rinnegare il presente per aggrapparsi ai bei tempi andati.

Un Paese 4 è perennemente incline a lamentarsi e a non accettare il controllo. Infatti il Romantico Tragico preferisce l'anarchia al "grigiore", che non lascia libero sfogo alla sua vena artistica, ma costringe con regole oppressive a fare tutti la stessa cosa. Eppure è molto facile impersonare una figura di comando in Paesi simili, proprio perché nessuno lo ricerca, in genere, e quindi le linee di potere sono lasciate ai pochi arrivisti.

Come motivarlo

Basta fare appello al cuore e alla "pancia", cioè alle sensazioni, e farà quanto è necessario. Ben altra cosa è spingerlo ad agire in modo concreto e razionale: questo concetto gli è quasi estraneo e non è abituato a comportarsi in modo molto pragmatico. Il suo primo interesse riguarda il cuore e questo solo seguirà: chi riesce a commuoverlo riesce a governarlo!

Un Paese come l'Italia, nel suo insieme, reagisce meglio a cose che stuzzicano l'istinto rispetto che a valori alti e nobili. La cultura italiana risponde al bisogno di identità personale, anche l'arte per noi più che un bene, un valore, è una testimonianza della nostra personalità. Per questo sono davvero pochissimi gli italiani che viaggiano per conoscere la cultura degli altri Paesi, mentre sono tantissimi a farlo per soddisfare altri bisogni, in genere più prosaici. Quindi è maggiormente proficuo puntare sull'emozione e l'istinto: la sicurezza, l'emotività e i diritti funzioneranno molto meglio della fatica per il bene della nazione.

Tipo 5 – Eremita:

- Paese tipo: Nuova Zelanda.
- Città tipo: Vienna.
- Metaprogrammi: Generale, *In time*, Referente interno.
- Modalità preferita: auditivo.

Il 5 è l'Eremita. Gli ideali di chi segue questo enneatipo sono la privacy e la calma. Il suo più alto fine è la conoscenza e quasi sempre i 5 sono caratterizzati da qualche specializzazione in campi del sapere poco popolari e molto complessi. Per raggiungere tale scopo sono necessari concentrazione e studio, cose che richiedono molto silenzio e tranquillità. L'Eremita non odia gli altri, ma disprezza senza mezzi termini la confusione delle masse. È quasi impossibile trovare un grande gruppo di 5 eccetto che a qualche raduno di sapienti, come un convegno scientifico molto elitario o un circolo letterario esclusivo. Non ha dei criteri morali rigidi come l'1 o l'8, che ritiene superficiali e limitati: il 5 va oltre la mera apparenza per raggiungere il cuore delle cose. E se per farlo deve percorrere strade sgradevoli, lo farà. Per amore della conoscenza è disposto a sacrificare tutto se stesso.

Come motivarlo

Il 5 detesta i rapporti stretti con gli altri. Preferisce isolarsi e vivere senza interferenze esterne, staccandosi dal resto dell'umanità e seguendo la propria cultura e le sue tradizioni. In genere mal sopporta gli immigrati, così come non gradisce le città sovraffollate e con milioni di abitanti. Il suo ideale sono piccoli villaggi tranquilli con interesse all'arte e alla cultura.

Tipo 6 – Scettico:

- Paese tipo: Germania.
- Città tipo: Berlino.
- Metaprogrammi: Via da, Prezzo fisso, Particolare, *In time*, Referente esterno.
- Modalità preferita: auditivo.

Riassunto in poche battute, lo Scettico si suddivide in due sottotipi: l'aggressivo e il passivo. Il primo reagisce alla paura aggredendone la causa; il secondo la subisce in pieno. Lo Scettico ha come primo scopo quello di non essere ingannato, ciò a cui aspira, invece, è la fiducia.

È molto difficile che la conceda a un altro essere umano, in quanto tutti, in un modo o nell'altro, mentiamo. E lo Scettico è molto abile ad accorgersene. Eppure, come ho detto, il suo ideale è trovare qualcuno – più spesso qualcosa – in cui credere. Per questo è facile che il 6 si fidi e dedichi tutto se stesso a qualcosa che trascende il singolo: la religione, le forze dell'ordine, lo Stato, la squadra del cuore. Qualcosa che, lui sa bene, non lo tradirà mai! Per chi ne conquista il cuore, il 6 è disposto a tutto, anche a morire se necessario. Avere degli alleati con questo enneatipo è una risorsa preziosissima, averli contro, è una spina nel fianco! Sì, perché farà di tutto per abbattere il suo "nemico". Per il 6 il mondo è fatto per lo più di nemici e di pochissimi di cui fidarsi. Far leva sulla preoccupazione è il metodo più efficace con lui.

Come motivarlo

La tecnica della paura è la più indicata per questo enneatipo! Hitler, nel *Mein Kampf*, descrisse una tecnica che si rivelò vincente per la sua presa del potere: fare del nemico il diavolo. Questo trucco, efficace in ogni occasione, con il 6 funziona in modo superbo. Avendo un nemico ben identificato, è facile assicurarsi la dedizione dello scettico. Con la Germania – tipico paese 6 – è un metodo efficacissimo. Ancora oggi il Paese è sensibile a "lusinghe" di questo tipo, anche se, dopo il terribile secolo appena concluso, ha imparato dai propri errori e tende a diffidare (come un 6, appunto) da chi si proclama come il suo "salvatore".

Tipo 7 – Epicureo:

- Paese tipo: Brasile.
- Città tipo: Barcellona.
- Metaprogrammi: Verso, *In time*, Referente interno.
- Modalità preferita: visivo.

Il tipo 7 ha il profilo dell'edonista, ovvero di chi ama divertirsi e assaporare i piaceri della vita. Detesta le preoccupazioni e le responsabilità, che secondo lui sono deprimenti e limitanti, quindi poco piacevoli. Quel che lo spaventa di più sono la noia e la routine. Le cose si fanno per un solo motivo: perché è bello farle! Ciò che non rientra in questa categoria è rimandato all'infinito o affrontato solo in ottica futura: può essere noioso, ad esempio, fare esercizi alla chitarra, ma lo scopo finale, cioè imparare a suonarla, è divertente quindi accettabile. Convincerlo a fare qualcosa è facile, basta che abbia *panem et circensem*, cioè giochi e cibo. Gli alti ideali non fanno per lui, mentre ha una forte presa qualsiasi cosa che possa farlo divertire. La mentalità di questo enneatipo è decisamente aperta: chiunque sappia intrattenerlo è ben accetto e non ha nessun tabù assoluto.

Come motivarlo

Feste, eventi di ogni genere, dal culturale alla sagra paesana, tornei sportivi e fiere del cibo internazionale sono tutte molle molto efficaci per spingere il 7 ad agire. Ma quel che più gradisce sono le cose "visive", come carnevali, mostre d'arte, murales.

Tipo 8 – Boss:

- Paese tipo: Romania.
- Città tipo: Palermo.
- Metaprogrammi: Verso, Particolare, Referente interno.
- Modalità preferita: auditivo.

Il tipo 8 è detto il Boss. Chi ha questo profilo tende a comandare sugli altri e a prendere in fretta le decisioni. Purtroppo, quasi sempre questo processo si associa alla violenza e alle minacce, che funzionano spesso molto più delle buone ragioni e dei progetti sensati. Il concetto del Boss è semplice: con me o contro di me. Se si sta dalla sua parte, si accetta e si rispetta la sua autorità. A quel punto, difenderà "i suoi" da qualsiasi pericolo, a volte sacrificandosi per essi. Non manca di coraggio e determinazione e per ottenere potere e controllo è disposto anche a usare la forza bruta.

Come motivarlo

È facile spingerlo ad agire, spesso anche in modo dissennato, purché creda di ottenere il controllo e il potere, quel che vuole è il non dover ubbidire e dipendere. Puntare sulla forza d'animo e – in casi estremi – sulla protezione della patria, anche ricorrendo alla violenza, è ben accetto da chi ha questo enneatipo. Questo è un modo di fare deprecabile e da evitare a tutti i costi, ma che l'8 percepisce come giusto.

Tipo 9 – Diplomatico:

- Paese tipo: Svizzera.
- Città tipo: Tokyo.
- Metaprogrammi: Via da, Generale, Referente esterno.
- Modalità preferita: cinestesico.

Il tipo 9 è il Diplomatico. Per chi segue questo principio la cosa più importante è mantenere l'ordine e la calma. Adora lo *status quo* e la routine, e detesta le situazioni di scontro. È disposto a sacrificare la gioia individuale, se ciò comporta un beneficio comune.

Non si schiera mai con qualcuno, perché così facendo si creerebbe degli avversari. I principali limiti del 9 sono l'indolenza e l'ignavia. È molto difficile far leva sulla sua paura, mentre è facile utilizzare come motivante l'armonia e la tranquillità. Il diplomatico non brucia di passione, né è pronto a immolarsi per un ideale; invece, cerca sempre la strada per evitare di combattere, perché la violenza è l'ultima delle soluzioni e la prima a portare caos.

Come motivarlo

Discorsi utili possono riferirsi alla sicurezza, al lavoro, alla pensione. Tutto quello che rincuora e rende più tranquilla la vita è il sogno del Paese 9. I piccoli paesini italiani sono più inclini a questa modalità "sonnacchiosa" che alla dinamica e frenetica vita di città. Per quel che riguarda Tokyo, la cosa è diversa: una città complessa e frenetica non risponde all'idea di indolenza, eppure segue, anche se con altri numeri, il concetto del 9. Infatti, come nei piccoli centri, è considerato molto importante, ai limiti del sacro, il rispetto del vicino. È anche per questo che una città così grande riesce a mantenere altissimi livelli di produttività.

Come applicare l’enneagramma all’Italia

Bene, abbiamo studiato l’enneagramma, abbiamo capito come funziona, abbiamo un’idea di massima del sistema. Ma, in concreto, come si applicano questi concetti nel nostro Paese?
Per identificare un enneatipo, si tratti di città, regioni, comuni, nazioni o singoli individui, devi fare riferimento per prima cosa sulla sua paura di base. Mentre questo è piuttosto semplice se parliamo di una sola persona, può sembrare più complicato desumerlo di una città o di una nazione intera.

Per capire il timore principale della popolazione devi rifarti al concetto di cittadini espresso dalla cultura, dall’apparenza, dall’educazione presenti in ogni società. Nella tua città, nella tua regione, cosa conta di più? Chi ha vinto le elezioni negli ultimi tempi? Cosa ha detto o fatto? Quali leve ha utilizzato? Paura? Sicurezza? Amore? Tradotto in termini politici, ha vinto chi promette lavoro? Scuole? Servizi al cittadino? Strade più pulite? Più sicure?

Non esiste una tecnica unica per ricavare l'enneatipo, ma un buon metodo si basa proprio sull'osservazione della gente, intesa come collettività e non come singolo cittadino. Ciò che motiva un romano, ad esempio, è diverso da quel che motiva un napoletano, o un siciliano, o un piemontese.

Ho riportato una mappa delle regioni suddivise per enneatipo, in modo da orientarti meglio. Per ricavarla, mi sono basato sulla mia conoscenza dell'enneagramma e sulle paure, i concetti, le culture più e meno accettati. Ottenere la stessa cosa sulla singola città è fattibile nello stesso modo.

Quindi chiediti:

- Quali metaprogrammi sono più adatti alla mia città?
- Quali valori secondo la scala di Maslow sono più ripetuti?
- Quali paure spaventano di più i suoi abitanti?
- Quale enneatipo corrisponde per la maggior parte di queste cose?

Ti faccio di nuovo presente che una buona conoscenza della base dell'enneagramma è necessaria per renderti le cose più facili, e che per questo è bene che ti serva di un ebook adatto, come l'*Enneagramma per tutti.*

SEGRETO n. 12: ogni luogo geografico (nazione, regione e città) ha il suo enneatipo. Si tratta di un'idea di riferimento che si applica al gruppo, ma che influenza il singolo.

6
5
9
3
1
1
7
3
2
6
6
9
8
9
4
4
4
5
8
8

RIEPILOGO DEL CAPITOLO 3:

- SEGRETO n. 10: le città, le regioni e i Paesi seguono un comportamento simile a quello di un enneatipo preciso.
- SEGRETO n. 11: l'Italia segue l'enneatipo 4 (Romantico Tragico). La maggior parte degli italiani, quindi, si rifà in linea generale al comportamento di questo tipo, ma l'influenza delle specifiche geografiche rende ogni singolo comune diverso.
- SEGRETO n. 12: ogni luogo geografico (nazione, regione e città) ha il suo enneatipo. Si tratta di un'idea di riferimento che si applica al gruppo, ma che influenza il singolo.

CAPITOLO 4:
Come prendere più voti

In questo capitolo impareremo a sfruttare quello che abbiamo descritto prima in un sistema che ti permetta di arrivare all'obiettivo: convincere le persone a votarti. Diciamo la verità, un politico è eletto per come parla e si presenta, non per quello che propone. Avere un buon programma non conta quanto il saperlo comunicare e spesso sono eletti personaggi pubblici – anche se pessimi politici – per le loro capacità persuasive. Ci occuperemo quindi di come sfruttare l'enneagramma e le tecniche finora apprese. Tutte queste sono da usare ricordando ciò che hai letto nei precedenti capitoli.

Modelli linguistici

Per riuscire a spuntarla con la sola arte oratoria esistono tantissimi sistemi elaborati e analizzati nei secoli da filosofi appartenenti a pensiero ed epoche differenti (Platone, Kierkegaard, Rousseau, fino al moderno Polya e ai suoi modelli linguistici).

L'unico punto in comune tra questi sistemi è lo scopo che essi si sono posti: elaborare tecniche oratorie e comunicative efficienti! Convincere gli altri dipende dalle parole scelte, non solo dai contenuti. Analizzeremo ora i modelli di discussione e di logica usati in politica.

Equivalenza complessa

Con tale sistema si collega una causa con un effetto, senza che tra questi ci sia relazione. La mente che ascolta segue il ragionamento e ne rimane invischiata, non riuscendo più a capire "l'inganno". Per esempio: «Lavorare è faticoso [che in genere è vero], quindi per ridurre la fatica la mia riforma è l'unica soluzione! [che può anche essere falso]»

Siccome la premessa è corretta, e in molti pensiamo che il lavoro sia faticoso, finiamo con il fidarci di chi formula una frase siffatta e ascoltiamo il seguito del discorso, dandogli credito.

Conseguenza-intento

Si ipotizza uno scenario futuro negativo in base a ciò che l'antagonista afferma. Essendo un'ipotesi, è difficile da confutare, e se usata nel modo giusto fa sembrare l'altro incapace di prevedere le conseguenze delle proprie idee. Per esempio: «Se tutti usassimo questo sistema, tra vent'anni non ci sarebbe più lavoro per nessuno!»

Modello di Polya

Si usa con le metafore. Utilizza la parola per esprimere un tipo di metafora credibile, che acquista così significato dando credibilità a chi la usa. Per esempio: «Rimettere in sesto l'azienda è come cercare di riparare il Titanic».

Risposta disarmante

Serve per attribuire all'altro qualcosa che non ha detto, traendo una conclusione negativa da ciò che afferma (e spesso forzando anche la mano). In questo modo, chi è accusato si ritrova intrappolato in una logica non sua. Per usarla si utilizza la frase «dici così perché...»

Per esempio: «Dici così perché sai che nessuno ti crede», «dici così perché non hai fiducia nel prossimo». Se usata in risposta di una frase dell'altro, ne vanifica la forza: «Dobbiamo tutti fare un sacrificio per andare avanti!» e l'altro risponde: «Dici così perché vuoi scaricare sugli altri i tuoi errori».

Attacco per far arrabbiare

La rabbia è nemica del dialogo, soprattutto se ci sono altri in ascolto. Chi rimane calmo può rispondere alle accuse, ma chi si infuria passa dalla parte del torto. Parlare di cose spiacevoli e sconvenienti per l'interlocutore è un buon modo per fargli perdere le staffe, così che lasci la discussione, lanci insulti, aggredisca chi parla, diventando il colpevole e dando ragione all'altro. È sempre meglio, per far questo, non insultare in modo diretto. Può essere molto utile invece fare commenti che mettono a disagio.

Praeteritio

Ottima tecnica per attaccare, accusare e fare arrabbiare senza esporsi. È usata da secoli e con ottimi risultati. In pratica, si critica l'altro indirettamente, così da essere immuni all'accusa di diffamazione, ma allo stesso tempo si sono pilotati l'attenzione e il giudizio del pubblico.

Per esempio: «Non voglio dire che questo tuo metodo ha portato alla distruzione dell'azienda, benché abbia contribuito in modo netto a diffondere la corruzione, anche tra le altre sfere».

Termini propri

È una delle tecniche preferite da avvocati e venditori. Consiste nell'usare termini negativi per descrivere le azioni dell'altro e positivi per definire le proprie. È la quintessenza della diplomazia ed è parecchio potente, perché l'uso delle parole è molto importante per un buon rapporto.

Per esempio: «Siamo dispiaciuti di doverla congedare dal suo incarico. L'azienda X non ha remore a licenziare in tronco i propri dipendenti, ma noi non seguiamo questo stile». L'azione è la medesima, compiuta da entrambi, ma detta in questo modo fa apparire chi parla più gentile e umano e gli avversari dei tiranni senza etica.

Opposizione

È uno dei metodi più diffusi e si basa sul fatto che il nostro cervello giudica automaticamente giusto chi si oppone a chi sbaglia. In pratica, se si dimostra che l'altro ha torto, si ha per forza ragione. È il concetto del male minore tanto caro ai politici. Utilizza la particella "ma" per essere efficace, poiché così nega e rende inutile quel che è stato detto prima.

Per esempio: «Possiamo anche smettere di protestare, ma così non vinceremo mai».

Potrebbe non essere vero, però quando siamo davanti a una falsa scelta finiamo per crederla libera. È come dire: «Preferisci la macchina blu o quella rossa?». Non è neanche contemplato il fatto che potrebbe non piacerti nessuna delle due. Di fronte a tale domanda, però, siamo portati a rispondere e a prendere una posizione.

Metodo socratico

Consiste nel fare domande a raffica, in modo che l'avversario rimanga spiazzato. Come faceva Socrate, questo spinge a porsi dei dubbi su se stessi. Nessun argomento è tanto conosciuto da qualcuno al punto da riuscire a rispondere a ogni domanda! Continuando a porre quesiti, inoltre, è facile che si dirotti l'attenzione sui punti di proprio interesse, riuscendo così a cambiare l'argomento di partenza.

Risposte criptiche

Tecnica perfetta per rispondere al metodo socratico, si basa sul rispondere a monosillabi o nel modo più conciso possibile. Se applicata bene, impedirà all'altro di avere argomenti cui attaccarsi per proseguire il dialogo e concluderà il suo attacco.

Deve essere usata quando le domande sono spiacevoli e accusatorie, ma è bene non praticarla se si sta cercando di capire qualcosa. Se per esempio la domanda è «come intende andare avanti con un deficit del genere?» è bene rispondere in modo articolato. Viceversa, a "domandacce" come «è convinto davvero di risolvere i problemi dell'azienda?» si può rispondere solo: «Sì».

Retorsio argumenti

Si basa sul mettere l'avversario in una posizione spiacevole, tramite espressioni che ne contestano l'operato. È una tecnica molto difficile da usare senza offendere l'altro, ma molto efficace per metterlo in cattiva luce.

Per esempio: «Con chi ha un modo di pensare ristretto, è inutile discutere di…» Non si dice «tu hai un modo di pensare ristretto», ma si cita un ipotetico personaggio e si fa in modo che l'offesa sia indiretta; nondimeno, è colta come tale dal pubblico in ascolto.

Commenti ironici

Se si smonta l'attacco dell'altro con una battuta o del sarcasmo, la carica negativa è trasferita su chi ha lanciato l'accusa. Rendersi simpatici ha sempre un potentissimo effetto su chi ascolta, perché non giudica con la testa ma con "la pancia".

Per esempio: «Vorrei avere la tua spiccata intelligenza per capire i tuoi elevati argomenti, ma ti prego di perdonare se mi esprimo in modo più semplice e colloquiale».

Controesempio

Con questa tecnica si vuole rispondere a quella di prima, l'opposizione. Si utilizza a tal fine il modello citato come reazione aggiungendo un altro esempio, che fa cadere ciò che è stato opposto dall'altra parte. Per l'esempio di prima, puoi dire: «Conosco molte persone che protestando hanno vinto!» Se l'esempio citato è noto e credibile, il controesempio neutralizza l'effetto negativo dell'opposizione. Si può usare come risposta anche alle altre tecniche, comunque.

Allargare il quadro

Mettiamo il caso di dover dare una cattiva notizia, o che ci facciano notare qualcosa di spiacevole. Allargando il quadro, quindi inserendo il fatto in una situazione più ampia, ecco che l'aspetto sgradito perde di valore. Anche un incidente grave può essere minimizzato ribattendo che è solo uno, e considerato in un quadro di tutto l'anno è un fattore che non può essere eliminato ma che rimane molto piccolo. Allargare il quadro vuol dire parlare di cose più serie e coinvolgere livelli consistenti e maggiori, come una regione, lo Stato o addirittura il mondo. È grave che una fabbrica chiuda, ma, se si considera il quadro nazionale, è ben poca cosa. In questo modo, chi fa l'esempio di prima appare pignolo o frivolo, interessato solo ai dettagli ma incapace di comprendere la realtà.

Prendere il dettaglio

Per ribattere invece a chi fa sempre esempi generali, e quindi sostiene per esempio che tutto va bene perché il PIL cresce, si può opporre l'esempio negativo di una piccola realtà colpita in modo grave da qualcosa legato all'evento citato.

Per esempio: «Anche se il PIL aumenta, nel mio quartiere le persone senza lavoro sono sempre di più». Un esempio così ha il vantaggio di poter presentare un episodio concreto, una persona fisica, e non un concetto. Il nostro cervello spesso non concepisce la vastità numerica, quindi dire che in una battaglia sono morte diecimila persone è meno impressionante del vedere uno scontro con dieci vittime. Una grossa cifra è impersonale, una piccola cifra ci fa pensare al vicino di casa, all'amico, al giornalaio di fiducia. E colpisce molto di più!

Definizione precisa

Ricordi la mappa del mondo? In base a essa ognuno di noi ha una propria versione delle parole riferite ai valori morali, positivi e negativi. Onestà, puntualità, amicizia, coraggio, simpatia sono parole generiche, di cui ogni persona interpreta, secondo la propria esperienza, il senso. Per un trafficante d'armi l'idea di onestà sarà molto diversa della versione di un poliziotto. Usare questi termini nel modo giusto è un ottimo aggancio per la gente, ma si può smontare in fretta col chiederne la definizione precisa.

Mettiamo il caso che per chi la pronuncia, "amicizia" significhi essere presenti in caso di aiuto. È corretto? Anche, magari. Mentre per alcune persone potrebbe avere un altro senso, come l'essere disponibili o chiamare gli amici ogni tanto per sapere come va. Sono tutte buone definizioni, ma nessuna è corretta in senso assoluto. Si può quindi ribattere chiedendo: «Cosa intendi con "amicizia"?»

Modello di realtà

Si sfrutta la mappa del mondo altrui in senso negativo. Non importa l'argomento, si può sempre ribattere all'altro che è la sua realtà e non quella assoluta. Far capire che un punto di vista è una visione parziale e arbitraria è utile a smontare una tesi, specie per chi cerca di convincere qualcuno.

Per esempio, una persona potrebbe dire che è ingiusto fare chiasso la notte, noi possiamo ribattere che ciò dipende dall'ora e dal rumore e non è un senso assoluto. «Per te è così, ma è solo un tuo punto di vista. In certe occasioni è bello fare festa!»

Paradosso

Usato sin dall'antichità, permette di eliminare una critica ampliando il sistema fino ad annullarne il significato. Senza un dato oggettivo, non si possono infatti determinare precisamente il valore e la correttezza di un'affermazione. L'esempio più noto, usato dai greci, è quello della sabbia: quanto è grande un sacco di sabbia? Non sapendolo con precisione, è difficile a dirsi, quindi si "gioca" su questa vaghezza. Se a un sacco di sabbia se ne toglie un po', cosa accade? Nulla, rimane un sacco. Quanta sabbia bisogna togliere per dire che non è più un sacco? Manca una risposta precisa, e ciò permette a chi usa tale tecnica di sfruttarla a proprio vantaggio.

Per esempio: «Picchieresti un uomo se così facendo ne salvassi dieci milioni?», l'altro risponde che, anche se è una brutta cosa, potrebbe farlo. «E se fossero in due a essere picchiati?» è facile che anche qui dirà di sì, e così l'altro può continuare ad aumentare il numero di persone a cui dover fare del male.

Termini complessi

Per un semplice meccanismo mentale, diamo più credito e ci affidiamo di più a chi sa usare paroloni complessi per spiegare le sue teorie, purché siano applicati con parsimonia e il discorso fili. Così, se a una domanda specifica sul perché si agisce in un certo modo, si risponde dicendo qualcosa come «la scala di Maslow ci insegna come solo dai bisogni primari si possa identificare un reale desiderio, ma del resto tutti apparteniamo a un qualche archetipo jungiano di riferimento nel nostro agire quotidiano», anche se incomprensibile ai più, suona meglio di «perché a me piace così!» Bisogna fare però attenzione, usando un eccesso di termini elaborati si perde la presa sulla folla, che non riuscendo a seguire un linguaggio troppo tecnico e difficile potrebbe rivolgersi a chi parla una lingua comprensibile e familiare.

SEGRETO n. 13: per comunicare in modo efficace è bene usare delle tecniche specifiche invece di parlare "a braccio".

Aree della comunicazione

Come ho già detto, il senso che usiamo in maniera preponderante è la vista. Questo vale per tutti e sempre, soprattutto quando comunichiamo, quindi più importante di ciò che si dice è il modo in cui lo facciamo.

Le modalità che utilizziamo per comunicare sono:

- non verbale: espressioni facciali, gesti, abbigliamento, aspetto generale (trucco, barba, pettinatura), postura;
- paraverbale: timbro, volume, ritmo, accento e cadenza vocali;
- verbale: la scelta delle parole, delle frasi, la sintassi.

La più importante è senza paragone la non verbale. Al secondo posto c'è quella paraverbale e solo alla fine la verbale. Questo significa che quando ti rivolgi al pubblico le cose a cui devi prestare attenzione sono la gestualità, le espressioni mimiche e il tuo aspetto. Poi conterà la voce e come la utilizzi, e solo alla fine le parole. Se ti presenti a un pubblico con i vestiti stropicciati, i capelli arruffati, il viso sporco, parli a bassa voce con la faccia triste e sconsolata, non importa affatto quel che dirai: la gente ti avrà già giudicato. L'abito *fa* il monaco, soprattutto in politica.

SEGRETO n. 14: è più importante come dici le cose rispetto a cosa dici.

Public speaking

Questo ebook non è specifico per il parlare in pubblico, e ti rimando a testi più specializzati in quell'ambito. Ti fornisco solo degli spunti e delle tecniche base per sviluppare il tuo discorso. Ricorda che anche se le cose non si notano, perché la gente non se ne accorge, il suo istinto non si può ingannare e "a pelle" lo capirà lo stesso.

Per prima cosa cura l'aspetto. Il non verbale più importante è quello d'entrata, bastano una decina di secondi perché gli altri ti giudichino e si facciano un'idea più o meno precisa di te. Potrai cambiarla con le parole e il paraverbale, ma è una faticaccia! Se utilizzi un linguaggio congruente su tutti i livelli, potrai ottenere lo stesso risultato in pochi minuti invece che in ore di discorso. Non ci sono regole precise su come vestirsi e parlare, bisogna per lo più adeguarsi al contesto. È inutile presentarsi in giacca e cravatta a un raduno sportivo o per parlare a dei ragazzi, come vestirsi casual con una polo e dei jeans mentre si discute con un gruppo di dirigenti industriali.

SEGRETO n. 15: l'abito fa il monaco! Anche se la ragione tende ad analizzare e a non giudicare un libro dalla copertina, l'istinto si basa sulla prima impressione. E l'istinto, con le folle, conta molto più della ragione.

Atteggiamento mentale: è la chiave di tutto! Se sei teso, spaventato, preoccupato, rabbioso, triste si vedrà subito. Non siamo fatti per nascondere le nostre emozioni, ma per condividerle con gli altri, e anche se sei abile qualche segnale ti tradirà sempre. Un buon sorriso funziona spesso, purché non duri più di qualche secondo. Nessuno ride per diversi minuti di fila, a meno di essere sotto effetto di stupefacenti, e se ne accorgono tutti, anche se solo a livello inconscio. Sii sicuro di quel che dici e del tuo programma, ogni esitazione può farti crollare.

Parli a una massa e non al singolo, quindi usa parole semplici per farti comprendere e acclamare, e non termini difficili. Gestire le masse è diverso dal dialogare con una sola persona.
Se correggi, riprendi, contesti un interlocutore unico, la sua reazione dipenderà dal rapporto tra voi. Ma se lo fai con un gruppo, l'avrai tutto contro! Il branco protegge i suoi simili, quindi attaccarne uno significa attaccarli tutti. Oltretutto, tu sei in una posizione di potere: stai in genere più in alto rispetto alla platea o alla piazza, sei isolato e ben visibile, hai un microfono e sei ben documentato. Non risenti dell'effetto branco, quindi puoi parlare in modo tranquillo e pacato.

Il gruppo no! Quando qualcuno prende la parola dal "gregge", si sente piccolo, spaventato e sotto esame. Di colpo tutta l'attenzione presente è concentrata su di lui, e non è per nulla piacevole essere dalla parte "sbagliata" del palco. Evita di sgridare qualcuno, per qualsiasi motivo.

Se ti fanno una domandaccia a cui non sai rispondere, puoi sempre risolvere la questione dicendo qualcosa come «i dati in mio possesso dicono altro» o «mi informerò in merito con i miei esperti su questa questione». Evita comunque di farti coinvolgere in un duello con un partecipante.

SEGRETO n. 16: il gruppo è molto più emotivo del singolo e tende a proteggere i suoi componenti.

Mai usare il "non", a meno che sia motivato come scopo. Dire «non sono stato io» equivale a una confessione, come sanno anche i bambini. La mente non processa l'uso del "non". Ovvero: se ti dico di *non* pensare, e ripeto, *non* pensare al Colosseo a Roma, dimmi: ci hai pensato? Certo che sì! Anche se il divieto è stato espresso, per essere accettato dobbiamo prima concentrarci sull'argomento in questione e poi cancellarlo. Dire a qualcuno «attento a non sbagliare!» lo mette in allarme, invece di aiutarlo a fare bene, e questo lo porterà a compiere più errori. Questo piccolo stratagemma linguistico, però, può essere usato a tuo vantaggio. Per esempio affermare «non voglio dire che grazie a me la città è più serena, ma di certo ho fatto molto» spinge gli ascoltatori a pensare a quello che hai fatto per rendere tutto più tranquillo.

Gesti. Su questo ho scritto numerosi libri, occupiamoci in breve di quelli da conoscere per parlare bene in pubblico.

Da fare:

- indicare l'avversario come esterno e puntare a te, indicandoti, come protagonista;
- sorridere;
- fare gesti con il palmo rivolto verso l'alto, soprattutto indirizzandosi a qualcuno;
- mantenere una posizione ben eretta, guardando all'altezza del viso;
- mettere una mano sulla pancia quando dici qualcosa di emotivo e profondo.

Da non fare:

- parlare con braccia o gambe incrociate;
- puntare l'indice contro qualcuno;
- mantenere una posizione ben eretta guardando dall'alto verso il basso;
- appoggiarsi a degli oggetti stando in piedi (alla sedia, al leggio ecc.);

- tenere oggetti fallici, come giornali arrotolati o indici puntati verso l'alto;
- mettere il pollice in mostra, reggendosi la cintura o sporgendolo dalle tasche;
- stare in piedi con le gambe larghe;
- mettere le mani sui fianchi stando in piedi;
- coprirsi il viso o parti di esso, come la bocca, il naso, un orecchio.

Questa è una piccola guida, ma contiene i gesti che si fanno più spesso senza pensarci e che invece fanno la differenza tra il piacere e l'essere percepiti come antipatici o prepotenti. Tutti i gesti che ho descritto qui sono istintivi, si fanno cioè senza pensarci, perché esprimono il tuo stato d'animo. Anche se la maggior parte di essi arriva solo alla parte istintiva, considera che quando ti rivolgi a un gruppo di persone è proprio a *quella* che stai cercando di parlare. È quindi utile portarla dalla tua parte, adottando atteggiamenti che ti rendano simpatico. Dovrai sforzarti di controllare i tuoi movimenti, proprio perché di solito li fai senza pensarci, eppure il loro messaggio è molto potente!

SEGRETO n. 17: i gesti istintivi tradiscono il tuo stato d'animo. Impara a controllarli, soprattutto in pubblico.

Bene, ora mettiamo tutto insieme: sapendo l'enneagramma del pubblico che hai di fronte, puoi prepararti gli schemi adatti per la discussione. Questo non è sempre facile, specie se ti fanno domande inaspettate, come in un'intervista, ma il più delle volte potrai prepararti le cose da dire. Le tecniche di *public speaking*, di linguaggio non verbale e paraverbale, sono tutte utili, ma alcune funzioneranno meglio di altre, a seconda dell'enneatipo che hai di fronte.

Ricorda che:

- il tipo 1 (Perfezionista) si basa sull'idea di giusto e sbagliato, tienilo in considerazione per fare un buon effetto su un gruppo tipicamente 1 (giudici, medici, scienziati);
- il tipo 2 (Altruista) vuole compiacere gli altri. Nel relazionarti a un pubblico di 2 (infermieri, servizi sociali, psicologi) evita l'aggressività nei discorsi;
- il tipo 3 (Manager) vuole il successo, a ogni costo: il fine giustifica i mezzi! Inutile insistere sulla morale se hai ascoltatori simili (imprenditori, commercianti) e punta invece sul guadagno e sul successo;

- il tipo 4 (Romantico Tragico) è interessato ai sentimenti. Suscita la passione quando parli, in ogni contesto! Una platea di 4 (artisti, studenti) subisce molto il fascino delle emozioni;
- il tipo 5 (Eremita) rispetta la cultura e la privacy. L'utilizzo di termini complessi, il far cadere l'altro in contraddizione, renderlo suscettibile all'ira e alle emozioni è il modo migliore per accattivarsi un pubblico simile (professori, ricercatori);
- il tipo 6 (Scettico) ha alti ideali, di fedeltà e rispetto. Mettere in evidenza le tue doti e sminuire quelle altrui sono ottime tecniche per convincere un gruppo simile (poliziotti, sacerdoti);
- il tipo 7 (Epicureo) adora il cambiamento e le novità. Mettere l'altro in ridicolo, indurre la risata, è un ottimo modo per avere un pubblico di 7 (artisti, musicisti, attori) dalla tua parte;
- il tipo 8 (Boss) rispetta la forza. Sii aggressivo e non temere di dimostrarti forte, anzi fai capire quanto sei energico. Un pubblico di 8 (militari, carabinieri) adora persone simili;
- il tipo 9 (Diplomatico) è riflessivo e vuole pace e serenità. Mantieni la calma e irradia tranquillità quando hai a che fare conpersone simili (new age, pensionati).

RIEPILOGO DEL CAPITOLO 4:

- SEGRETO n. 13: per comunicare in modo efficace è bene usare delle tecniche specifiche invece di parlare "a braccio".
- SEGRETO n. 14: è più importante come dici le cose rispetto a cosa dici.
- SEGRETO n. 15: l'abito fa il monaco! Anche se la ragione tende ad analizzare e a non giudicare un libro dalla copertina, l'istinto si basa sulla prima impressione. E l'istinto, con le folle, conta molto più della ragione.
- SEGRETO n. 16: il gruppo è molto più emotivo del singolo e tende a proteggere i suoi componenti.
- SEGRETO n. 17: i gesti istintivi tradiscono il tuo stato d'animo. Impara a controllarli, soprattutto in pubblico.

Conclusione

L'uso dell'enneagramma ti permette di possedere un canale in più rispetto ai tuoi avversari. In politica è molto diretto e sfrutta un linguaggio che "lega" in modo semplice con moltitudini di persone in poco tempo. Mi sono riferito a masse di persone, e non a singoli, perché penso sia questo l'ambito in cui deve muoversi un politico. Questi schemi funzionano anche su una sola persona per volta, ma quando si ha a che fare con un singolo è bene appellarsi anche alla ragione e non solo ai sentimenti.

Sono sicuro che con questo sistema potrai farti capire più in fretta e raggiungere il cuore delle persone in pochi minuti.

Ora tocca a te: con quest'arma in più potrai dimostrare quanto vali e conquistare il tuo elettorato! Mi auguro che tu sappia fare buon uso di tale potentissimo strumento e che contribuisca a rendere grande il nostro Paese.

www.ingramcontent.com/pod-product-compliance
Ingram Content Group UK Ltd.
Pitfield, Milton Keynes, MK11 3LW, UK
UKHW022015190726
13853UKWH00005B/1938

9 788861 743229